Prefácio

Conheci Jerusha Chang e o Mestre Liu Pai Lin em novembro de 93, na cobertura do IV Congresso Holístico Brasileiro, realizado em Salvador.

Figuras concorridas do evento, fiz apenas o contato inicial, deixando para entrevistá-los em São Paulo, sendo recebida na Associação Tai Chi Pai Lin, na Vila Madalena.

A jovialidade e o bom humor do Mestre, na época com 88 anos, irradiavam uma luz especial; Jerusha, sua fiel escudeira, discípula dileta, pacientemente traduzia minhas perguntas; ante cada resposta, mais e mais eu me encantava com a prática e o clima harmonioso que emanava daquele lugar. A considerar a aparência saudável e vigorosa de sua graciosa figura, Pai Lin representava um monumento vivo das benécias proporcionadas pela prática do Tai Chi Chuan ao longo dos anos.

Não contendo minha admiração, pedi a Jerusha que dissesse ao Mestre que eu o considerara simplesmente lindo. Com a fala entusiasmada e bem-humorada, ele respondeu: "Sua mãe a fez muito mais bonita que eu, imagine como você vai estar linda na minha idade, se praticar o Tai Chi...". As palavras do Mestre, embora ditas em tom de brincadeira, calaram fundo em mim e assim iniciei a prática sob o comando de Jerusha, insisitindo no treinamento durante um ano e meio. Nessa época, a Mestra engravidou da pequena Luzia; sem sua presença, ainda não tão consciente dos benefícios proporcionados pelos exercícios, abri mão do Tai Chi.

No final de 2006, caminhando pelo Parque do Ibirapuera, deparei com um pequeno cartaz que incentivava à prática na Umapaz, sediada no próprio Parque. No início de 2007, tive a grata satisfação de reencontrar minha Mestra, reiniciando o treinamento. Mais madura e atenta a seus benefícios, percebi o quanto era importante, além das técnicas transmitidas, absorver os conhecimentos repassados oralmente por Jerusha ao final de cada sessão.

E para que isso não se perdesse, convidei-a a registrar sua interpretação das palavras do Mestre Pai Lin, após longos anos de estreita convivência neste singelo volume, pequeno na forma, grandioso no conteúdo.

Esta é nossa modesta colaboração para a difusão dessa importante Arte. Que nossos leitores possam dela desfrutar com a mesma alegria e motivação que compartilhamos diariamente.

Regina Maria Azevedo

Nota da Editora: para diferenciar algumas palavras de seu sentido comum, optamos por grafá-las com maiúsculas, a fim de representá-las metaforicamente, quando apropriado.

Jerusha Chang

Pequeno Livro do TAO

OP livros

quali vida

 Alguns textos foram extraídos do caderno *Saúde e Longevidade*, da Associação Tai Chi Pai Lin/Espaço Luz.

Composição e projeto gráfico: OP Livros
Capa: Luz Garcia Neira
Foto da capa: arquivo pessoal da Autora
Foto interna: Regina Azevedo

Visite nosso site: http://oplivros.com.br
Fale conosco: oplivros@uol.com.br

OP Livros
Outras Palavras Produções Editoriais
e Comércio Ltda.
Rua Capitão Macedo, 92, cj. 51
(11) 5549-6873 / 9391-9153
04021-020 São Paulo SP

Apresentação

Este livro é fruto da transmissão oral dos ensinamentos do mestre taoísta Liu Pai Lin. Nascido na China, ele morou em São Paulo nos seus últimos 25 anos de vida, dos quais tive a sorte de privar de seu convívio diário, durante 23 anos, como discípula fiel, assistente e intérprete.

O Mestre não exigia esforço árduo do discípulo em relação às técnicas, mas considerava primordial despertar a espiritualidade em cada um deles. Por isso, primeiro ele tocava seus corações, e só depois ensinava a forma. Assim, aprendi com o Mestre que, para transformar vidas, é necessário transformar corações.

Aprendi também com ele a importância de conscientizar as pessoas sobre seu momento de vida, dando-lhes sempre perspectiva de mudança e renovação ao apontar o "caminho de retorno" da Natureza.

Todos aqueles que ouviram o Mestre uma vez, assim como aqueles que iniciaram seu aprendizado comigo na Associação Tai Chi Pai Lin, na Secretaria Municipal da Saúde, na Umapaz, na Unipaz e em todos os lugares onde tenho oportunidade de divulgar esse conhecimento vão identificar essas falas motivadoras que revelam segredos fundamentais as práticas que ele nos deixou.

Foi através das aulas de Tai Chi na Umapaz – Universidade Livre do Meio Ambiente e Cultura da Paz – que a editora Regina Maria Azevedo teve a ideia de fazer este registro como uma lembrança que os alunos gostariam de ter para reler e guardar.

Quando ela me propôs escrever este livro, o trabalho me pareceu fácil, porque já estava pronto... Tendo a clareza de que "a verdadeira transmissão é de coração para coração", acredito que este livro não substitui a transmissão oral. Porém, me animei em escrever e divulgar estes princípios, que estão incorporados na minha prática taoísta diária, com a perspectiva de inspirar a busca do Caminho da Vida e do Espírito.

Agradeço a todos aqueles que compartilham comigo o Caminho: familiares, amigos e alunos, corações afinados na paz e na luz, que me dão a oportunidade de continuar a transmissão destes preciosos conhecimentos, fazendo repercutir as ideias do Mestre Liu Pai Lin; especialmente a Regina Azevedo, que propôs e viabilizou este trabalho.

Agradeço a meus queridos filhos Íris, Daniel e Luzia, que colocam à prova meu Tai Chi diariamente, aperfeiçoando meu ser. E a Lúcio Leal, meu companheiro e também discípulo do Mestre - que criou o Espaço Luz especialmente para as práticas do Tai Chi Pai Lin -, por seu auxílio na prévia revisão destes textos.

Aos meus saudosos e amados pais, agradeço por terem me dado a vida e o exemplo.

Ao meu querido Mestre, alma deste "Pequeno Livro", minha reverência e eterna gratidão.

Jerusha Chang

Leia na íntegra a entrevista com o
Mestre Liu Pai Lin em:
http://oplivros.com.br/livros/sarau
Assista a vídeos exclusivos com
Jerusha Chang acessando:
http://oplivros.com.br/livros/tv

"Todo bom começo
é meio Caminho
andado."

Tao
é seguir o Caminho.
Tao
é realizar o Caminho.
Tao
é o próprio Caminho.

Tao é seguir
o próprio Caminho.
É estar de acordo
com a Natureza.
A Natureza é a
Energia,
a energia vital.

O Homem aprende
com a suavidade da
Terra, que segue
a circulação
incessante do Céu,
que acompanha o Tao,
que é o próprio Natural.

Porque o Céu recebeu
a unidade do Tao,
ele tem o poder
da criação.
Porque a Terra recebeu
a unidade do Céu, ela
tem o poder de gerar a
vida.
Porque o Homem
recebeu a unidade
do Tai Chi, ele tem o
poder da iluminação.

No início,
era o Vazio.

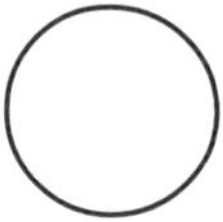

Do vazio, surge a
semente da Vida.

A semente da Vida é
plantada na Terra:
nasce o Tai Chi.

Tai Chi
é o Princípio.
Tai Chi
é a Unidade.
Tai Chi
é o Princípio da Unidade.

O Tai Chi é a
Suprema Unidade.
É o princípio de
união e equilíbrio
das energias opostas
Yin/Yang
representadas por
Céu e Terra,
Homem e Mulher,
Corpo e Espírito,
cuja interação gera e
mantém a Vida.

O segredo
da Vida na Terra
e da Vida pós-morte
está na Unidade.

A união é o poder da
Circulação.

A Circulação de
Sol/Lua
é o Tai Chi da
Natureza,
que é a própria
alternância Dia/Noite,
Atividade/Repouso.

A Natureza
é o nosso
Mestre de Tai Chi.

Tendo reconhecido
a grandeza do Homem,
sem disputas de poder,
a Vida fica plena e,
como consequência,
idêntica à Natureza.

O Tai Chi Pai Lin
é um treino de
ajuda mútua entre
Movimento
e Serenidade.

Através da Serenidade,
treina-se o coração;
através do Movimento,
treina-se a
flexibilidade do corpo.

Alternando Movimento
e Serenidade
cultivamos Corpo
e Espírito.
O Movimento suave
preserva a saúde
do Corpo.
A Serenidade
cultiva o Espírito.

Na Serenidade,
sem agitação,
todas as doenças
podem ser curadas,
porque as doenças
de mais difícil cura
são as de origem
emocional.
Serenando, você
isola a doença.

Cuidar do corpo como
morada do Espírito;
porém, não cultuar
muito o corpo.
Desapegar dele
para não estragá-lo.

Céu e Terra
são nossos pais.
Somente através do
Vazio podemos
nos ligar a eles.
Quando a atenção sobre
o corpo é obsessiva,
ele se fecha
para essa ligação.

Tai Chi é a união
Yin-Yang.
Yin-Yang unidos geram
e mantém a Vida.
Yin-Yang separados
conduzem à Morte.

O ser humano é
Yin perante a
Mãe-Natureza,
que é Yang.
O ser humano,
desligado da
Mãe-Natureza,
é só metade.
E, como metade, não
sustenta a própria vida.

O corpo todo é Yin,
apenas os olhos
são Yang.
Por quê?
Porque os olhos
representam o Espírito.

Recolher o olhar é
cultivar o Espírito.

É preciso recolher
o Espírito na raiz da
Energia.
Espírito e Energia
unidos,
eis o segredo
da iluminação taoísta.

O segredo da vida
do Homem está no seu
Sol interior.
Não despertá-lo é
não reconhecer a
importância do Sol
para a vida
na Terra.

O Sol irradia sua
luz sobre a Terra.

Nosso olhar interior
desce pelo meio do
corpo e aquece o ventre.

O Sol aquece
as águas que evaporam
e sobem formando as
nuvens que descem
como chuva.

A Essência se
transforma em Energia
e alimenta o Espírito.

A Água Sagrada
é o Orvalho Doce.

O Orvalho Doce
é produto da união
de Céu e Terra,
é produto da
transformação do
Tesouro Interior.
É remédio curativo
que apaga
o fogo falso dos
pensamentos e emoções.

A Terra segue o Céu,
acompanha seu fluxo
de Energia.
Por isso, na Primavera,
pode brotar,
no Verão, florescer,
no Outono, frutificar.

No Inverno,
a Natureza se
recolhe, podendo iniciar
uma nova Primavera
e assim se renovar.

A manhã é
a Primavera do dia.
Na Natureza,
a Energia se expande.
No Homem,
os tendões precisam
ser alongados.

O alongamento
suave dos tendões
permite à Energia se
expandir até as
extremidades do corpo,
que são os ramos novos
das plantas.

O jovem é
uma Flor em botão.
Quando desabrocha,
logo murcha.

É preciso preservar
a Energia para
manter a Flor em botão
e ter Vida duradoura.

Se você olha
uma flor e se une a ela
através do sorriso,
você se transforma
na Flor, não existe
separação.

Sem separação,
sem conflito, sem
disputa, a sociedade
fica em Paz.

Por que no outono
as folhas caem?
Porque a Natureza
tem a sabedoria
de se recolher.

O Homem, chegando
ao Outono da Vida,
adoece.

A Energia só é
acumulada nas
profundezas.
Na superfície, ela
não permanece.

Após os 40 anos,
é ilusão pensar que
se tem boa saúde,
porque a Energia
já se esvaiu
e o Espírito
se dispersou.

A partir dessa idade,
já se é meio humano,
meio fantasma.

A questão da Vida
é uma questão de
Energia.
O ramo seco quebra
fácil porque está velho,
sem Energia.
O ramo jovem é flexível
e se dobra porque tem
Energia.

Aquele que entende
o Tao goza do prazer
de viver de forma
incomum porque sabe
serenar e se esvaziar,
permitindo a
manifestação do
Deus original.

40 anos é o pico da
montanha,
o auge da vida.
A partir daí, é só
declínio.
E o Mestre aponta
o Caminho do Retorno.

Tai Chi é
treinamento de amor.
Porque, quem ama
a si mesmo, pode
amar o próximo.

Tai Chi
proporciona
Longevidade
porque conduz
à Serenidade e ao
sentimento de Amor.

Na Serenidade,
o praticante reconhece
sua verdadeira
beleza natural
e desperta a sua
Inteligência Superior.

A Vida é Energia.
Para manter a Vida,
é necessário preservar
a energia original.
Para prolongá-la,
é necessário captar
a Energia do Céu.

Relaxar é esvaziar
permitindo que nos
liguemos com a Energia
primordial do Céu
que nos alimenta
e recarrega.

Na Serenidadade,
o homem descobre
a abundância da
Natureza:
tudo aquilo de que
necessita pode lhe ser
dado, sem pedir
ou roubar de seu
semelhante.

Para manifestar a
Inteligência Divina
precisamos soltar nossa
pequena inteligência,
esvaziando a mente
e o coração.

Quando o Homem
abre a visão
e amplia seu coração,
abarca a imensidão
da Vida e do universo.

Quando a mente
é estreita e o
coração pequeno,
a Vida é limitada
e presa.

Ter o coração grande
é ver o outro como
você mesmo.
Porque, no final, todos
voltam para a Terra.
E, de lá, podem
renascer juntos
no corpo de uma
mesma Árvore.

O valor da Vida
deve ser expresso.
O brilho do Homem
só é visto
quando se reflete
nos outros.
A ajuda ao próximo
é a sua própria alegria,
o sentido de sua
própria vida.

O segredo
da conservação da Vida
está no recolhimento.
O retorno à vida
é o retorno à Raiz:
raiz do Céu e raiz da
Terra na raiz do
Homem.

O exercício diário
garante a
saúde do dia.

Pratique!!

Tai Chi:
movimentação natural para a saúde
Tui Na:
massagem chinesa para a vitalidade
Tao In:
meditação taoísta para a serenidade

Associação Tai Chi Pai Lin
Rua Fradique Coutinho, 1434
11 - 3031-1324
São Paulo - SP